AF338389

L'EMPRUNT

DE

100 MILLIONS

DISCOURS

CONTRE L'EMPRUNT

PRONONCÉ

Par M. GARCERIE

SAIGON

IMPRIMERIE REY & CURIOL

1888

L'EMPRUNT

DE

100 MILLIONS

DISCOURS

CONTRE L'EMPRUNT

Par M. GARCERIE

SAIGON

IMPRIMERIE REY & CURIOL

L'EMPRUNT

DE

100 MILLIONS

DISCOURS

CONTRE L'EMPRUNT

PRONONCÉ

Par M. GARCERIE

CONSEILLER COLONIAL

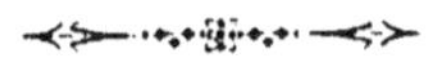

SAIGON

IMPRIMERIE REY & CURIOL

1888

AUX ÉLECTEURS

DE LA CIRCONSCRIPTION DE L'OUEST

(ARRONDISSEMENTS DE : *Gocong, Tanan, Mytho, Bentré, Travinh, Vinhlong, Sadec, Hatien, Chaudoc, Rach-Gia, Long-Xuyen, Cantho, Soctrang et Baclieu.*)

MES CHERS CONCITOYENS,

Aux élections de 1886, à la veille même du scrutin, mes amis, MM. Blanchy et Cuniac, protestèrent, en leur nom et au mien, contre l'assertion de nos adversaires, affirmant que nous étions décidés à voter un emprunt.

Je vous adresse le discours que j'ai prononcé à la séance du Conseil colonial du 17 décembre 1888.

Il vous appartient de voir si je suis resté fidèle à mes engagements et si j'ai fait tout mon devoir.

VIVE LA RÉPUBLIQUE !

GARCERIE.

MESSIEURS,

Le discours prononcé par M. le Gouverneur général à l'ouverture de notre session, est appelé, selon moi, à produire en France une grande sensation. Pour la première fois, en effet, notre situation au Tonkin est présentée sous son vrai jour.

« *Notre Protectorat*, nous dit M. le Gouverneur général, *n'a pas été sollicité. Il est en apparence accepté, et l'attitude des classes dirigeantes peut nous faire craindre qu'il ne soit plutôt subi qu'accepté franchement.* »

Pour nous, Messieurs, qui sommes au courant des affaires indochinoises, nous pouvons affirmer que les craintes de M. Richaud ne sont que trop fondées. Il faut reléguer dans le domaine de la fable cette légende dangereuse propagée par des gens intéressés, et qui consiste à nous représenter le Tonkin comme un pays prêt à se jeter dans nos bras et réclamant notre protectorat avec enthousiasme.

Je ne voudrais pas que mes paroles fussent mal interprétées et qu'on pût en inférer que, d'après moi, on a eu tort d'aller au Tonkin. Aussi, avant d'aller plus loin, j'éprouve le besoin de faire la déclaration suivante :

Du jour où la France a fait de la Cochinchine une terre française ; du jour où, par notre intervention dans le delta d'un des plus grandes fleuves du monde, nous avons arrêté le mouvement d'expansion de cette race annamite de 18 millions d'âmes, si homogène, si remarquable d'aptitudes, si courageuse, d'un si puissant ressort, si dégagée de préjugés, d'un esprit si libre, — si voltairien, allais-je dire, dans toute question religieuse et philosophique, — du jour où nous avons substitué notre action propre à celle des Annamites, de ce jour-là, nous avons pris des engagements vis-à-vis de cette race.

Je n'irai pas jusqu'à dire, comme tant d'autres le font, qu'il faut nous l'assimiler. Ce mot d'assimilation, en des choses si disparates, est un véritable non-sens ; mais je dirai volontiers qu'il faut nous l'associer et la guider simplement dans la voie de son développement historique.

En voyant l'incroyable résistance qu'a mis ce peuple, depuis un temps presque immémorial, à ne pas se laisser absorber par son colossal voisin, la Chine ; en ne regardant même que les étapes qu'il a parcourues depuis un siècle à peine, — depuis que Gia-Long, grâce aux conseils et à l'appui d'un évêque illustre et d'une poignée d'héroïques Français, a pu remonter sur le trône de ses ancêtres — il semble bien qu'il est dans ses destinées d'occuper et de mettre en valeur, petit à petit, par infiltration, si j'ose dire, les immenses solitudes de la vallée du Mékong. Sous peine de manquer à sa mission, sous peine de faire banqueroute à son honneur pour la seconde fois dans l'espace d'un peu plus d'un siècle, la France a le devoir, non de refouler, mais au contraire de favoriser, en le réglant et en le dirigeant, ce mouvement d'expansion que nous avons arrêté et qui est dans les entrailles mêmes du génie de cette race.

Si donc j'applaudis sans restriction au langage tenu par notre Gouverneur général, c'est uniquement parce que j'aime la sincérité et la vérité par dessus tout.

Oui, il n'est pas mauvais que nous sachions, au moment même où l'on vient de dresser, — si tardivement hélas ! — une statue à Dupleix ; au moment où, aux applaudissements de la France entière on flétrit, en des discours officiels, le lâche abandon dans lequel on a laissé cet illustre et malheureux grand homme, il est bon que nous sachions à quoi nous en tenir sur le patriotisme de notre Parlement exactement renseigné. Il est bon enfin que nous soyons fixés sur la question de savoir s'il se trouvera une Chambre française républicaine capable de dépasser en bassesse le plus abject et le pire de nos rois, Louis XV le Bien-Aimé.

Avant de voter l'emprunt de 100 millions qu'on nous demande pour le Tonkin et qui va nous lier les mains pour trente ans, voilà ce qu'il importe au premier chef de connaître.

En manière de péroraison, dans un mouvement d'éloquence entraînante, M. le Gouverneur général nous dit :

« *Voilà la vérité dans toute sa nudité. C'est à vous de voir si vous voulez voter l'emprunt de 100 millions que je vous demande et qui est nécessaire pour dégager la situation financière de la Cochinchine.......... et permettre au Tonkin de vivre et de se développer.*

« *Jamais, depuis la création du Conseil, vous n'aurez été appelés à prendre une résolution aussi importante. L'état politique des pays de l'Indo-Chine, l'espèce de défaveur qui semble menacer notre empire colonial de l'Extrême-Orient, à l'existence duquel notre colonie de Cochinchine est intimement liée, la situation financière du Tonkin, tout ajoute à la gravité des circonstances.*

« *C'est l'avenir de l'Indo-Chine qui est en jeu........ Songez aux hardis colons nos compatriotes, quelques-uns vos amis, qui sont venus au Tonkin pour y fonder une colonie française, qui ont mis là toute leur fortune, et qu'une évacuation ruinerait.* »

Messieurs, il ne s'agit pas ici d'éloquence ni d'entraînement; il nous faut au contraire garder tout notre sang-froid. La politique de Don Quichottisme que nous avons si souvent pratiquée, moi tout le premier, je le confesse humblement, a eu pour nous des résultats si désastreux, que son efficacité négative au regard de nos intérêts n'a pas besoin d'être démontrée. Je crois que l'heure est arrivée pour nous de nous en tenir à la manière de voir, aux aphorismes si pleins de sens de ce brave homme de Sancho Pança.

Aussi j'approuve sans restriction la déclaration des auteurs du contre-projet d'emprunt, MM. Praire, Cornu et Ogliastro, lorsqu'ils disent (page 1) : « *Nous ne parlons pas de la satisfaction platonique d'aider la Patrie dans son œuvre coloniale. Nous sommes des gens d'affaires, sceptiques par conséquent, et le soi-disant patriotisme n'a déjà fait que trop de mal au pays où nous trafiquons.* »

Ah ! que voilà de belles prémisses ! Pourquoi faut-il que les conséquences en soient si déplorables, puisqu'elles sont identiques à celles mêmes du gouvernemer   mprunt de 100 millions ! C'est être *sceptiques* à bon marché.

Je réponds d'abord à M. le   verneur général.

Il me permettra de lui di   que je ne crois pas, contrairement à ce qu'il pense, que le sort d'une colonie ayant trente ans d'existence soit dépendant du sort d'un Protectorat de quatre ans, ou, pour employer les expressions mêmes de M. le Gouverneur général, du sort de l'empire colonial de l'Extrême-Orient, si, contre toute vraisemblance, il se trouvait un homme d'État assez insensé pour signer l'abandon *total* de l'Annam et du Tonkin.

Je dis *total* à dessein. Messieurs, vous saurez pourquoi tout à l'heure, si, en l'état où je me trouve, mes forces me permettent de donner à ma pensée tout le développement que comporte un aussi grave sujet. Je dis donc que, si contre toute probabilité, il se trouvait un Ministère assez insensé pour abandonner totalement le Tonkin, même dans ce cas, la colonie de Cochinchine n'en continuerait pas moins à vivre de sa vie propre. J'en ai pour garant l'inébranlable fidélité à notre cause que nos populations ont montrée pendant les terribles épreuves de ces dernières années, alors que toutes nos frontières, aussi bien annamites que cambodgiennes, étaient en feu. Elles ont trop bien apprécié les bienfaits de notre intervention dans leurs affaires, pour qu'elles veuillent d'elles-mêmes se remettre sous le joug de leurs anciens mandarins.

Quant à supposer que l'Empereur d'Annam pût nous déloger de la Cochinchine, il serait puéril d'y songer, maintenant surtout que, grâce à la pacification absolue, complète du KHAN-HOA, du THUAN-QUAN et du PHUYEN, opérée par le commandant Chevreux et le TONG-DOC-LOC, nous pouvons, en 24 heures, occuper les thermopyles du cap VARÉLA, seul défilé par lequel une armée ennemie puisse pénétrer chez nous.

Quant aux hardis colons, dont parle notre Gouverneur général, qui sont allés au Tonkin et qu'une évacuation ruinerait, je n'ai qu'un mot à répondre. Il serait oiseux et fastidieux d'énumérer tous les sacrifices que nous nous sommes imposés depuis tant d'années pour venir en aide au Tonkin, et conséquemment à nos compatriotes. Je n'en citerai que trois, parce qu'ils ont grevé ou grèvent encore nos finances très lourdement.

Un seul État européen pouvait nous créer légitimement des embarras au Tonkin, c'était l'Espagne, en vertu de la créance qu'elle possédait sur la cour de Hué. Nous avons ouvert nos caisses et nous avons désintéressé cette nation sœur, qui tout dernièrement nous a donné des preuves si touchantes et si précieuses de sympathie, ce dont nous sommes profondément reconnaissants.

Lorsque la Chine entrant en ligne pour nous disputer le Tonkin, a obligé la France à jeter là-bas un corps de 30,000 hommes, nous nous sommes assemblés extraordinairement, et spontanément nous avons décidé qu'il y avait lieu d'immerger un câble à nos frais pour mettre le Commandant en chef en communication directe avec la France et avec nous-mêmes, afin de lui expédier, en cas de besoin, le dernier homme de nos casernes et la dernière paire de souliers de nos magasins.

Puis, nous avons considéré qu'il y avait par là-bas des soldats malades et des blessés, des colons sans communication régulière avec le monde extérieur, notre flotte de guerre étant occupée en Chine, tandis que nous avions ici un hôpital militaire de premier ordre et une ligne de communication avec le monde entier.

Et nous avons passé des contrats, toujours à nos frais, avec la Compagnie des Messageries maritimes, pour l'installation d'un service bi-mensuel de bateaux à vapeur entre nous, toute la côte d'Annam et le Tonkin. Ces contrats ne prennent fin qu'en 1892 et grèvent annuellement notre budget.

Eh bien ! savez-vous ce qu'ont fait ces colons au sort desquels notre Gouverneur général cherche à nous intéresser ? Le voici : Dès la première séance de sa première session, le Conseil municipal d'Hanoi ou d'Haiphong, je ne me souviens plus, a demandé une subvention pour la création d'une ligne maritime entre Haiphong et Hongkong. Cela lui permettra de diriger vers *un port anglais* le petit courant d'affaires que la place de Saïgon fait avec le Tonkin. Et M. le Maire, nommé par le Gouvernement, a trouvé cela tout naturel et n'a fait aucune observation. Il a, au contraire, dit qu'il soumettrait cette demande à toute la bienveillance de l'autorité supérieure. Eh ! Messieurs les colons, mes frères, ouvrez toutes les lignes que vous voudrez, mais que ce ne soit pas au moins avec l'argent de la Cochinchine contre la Cochinchine elle-même.

Non, Messieurs, étant donnée la situation précaire du pays, qui ne vit que par notre subvention, étant donnés les sentiments qui éclatent contre nous, le sort des colons tonkinois ne saurait m'intéresser outre mesure, je l'avoue franchement. On nous dit de songer aux ruines qu'entraînerait le refus d'un emprunt de 100 millions, aux sacrifices d'hommes et d'argent faits par la France. Messieurs, après les saignées à blanc que nous avons pratiquées volontairement sur nous-mêmes, ou qu'on nous impose de force maintenant, pour venir au secours des autres, je crois qu'il est temps de songer à notre propre salut, en ne mettant pas la main dans un engrenage d'où nous pourrions bien ne pas sortir vivants !

En apprenant que la Presse française s'occupait de cet emprunt de 100 millions et qu'elle en contestait le but officiellement avoué, nous avons pensé qu'il nous fallait des renseignements positifs, et nous avons demandé au Gouverneur général communication des dépêches échangées à ce sujet avec le Département. Il nous a été répondu que ces dépêches étaient trop confidentielles et ne pouvaient être communiquées au Conseil. Nous nous sommes alors adressé au Ministre en lui demandant quelles garanties offrait la France à la Colonie pour l'emprunt qu'on lui présentait à voter. N'oublions pas, Messieurs, que l'envoi de cette dépêche a été voté à l'unanimité.

Le Ministre répond simplement que si l'emprunt de 100 millions est trop fort, on pourrait le réduire à 40 millions, et qu'il y a lieu de bien faire observer au Conseil colonial qu'à l'heure actuelle *la Cochinchine coûte encore à la France une somme de six millions de francs.* Examinons un peu.

Le budget colonial de la Métropole n'indique qu'une somme de 3,200,000 francs pour dépenses affectées à la Colonie pour le service des hôpitaux, du casernement, literie, des transports, des vivres, de l'arsenal, des approvisionnements, etc., etc. Les trois autres millions figurent au budget général de la Marine et représentent sans doute la solde et accessoires de solde des marins et soldats détachés en Cochinchine et aussi *au Cambodge,* ne l'oublions pas.

Je ferai remarquer que la Colonie a déjà offert de solder à la France toutes les dépenses de souveraineté, afin que le rapporteur du budget des Colonies, arrivé à ce mot : « Cochinchine », pût dire au Parlement : « *Voici enfin une Colonie qui ne nous coûte rien,* » et prouver ainsi que, tout comme bien d'autres, la race française est capable de fonder des établissements sérieux et profitables à la mère-patrie, lorsqu'elle est bien administrée.

On n'a même pas daigné répondre à nos propositions.

J'ajouterai que nous avons offert aussi de prendre pour nous la moitié des dépenses de construction de ce bassin de radoub de premier ordre qui nous permet enfin de nous passer de l'étranger pour la mise en état de notre flotte. Nous n'avions mis qu'une seule condition à nos offres : c'était d'entrer pour une part quelconque dans les recettes effectuées pour la réparation des bâtiments de commerce. On a rejeté nos offres ; on acceptait, on nous faisait la grâce d'accepter notre contingent, mais on repoussait en même temps notre prétention d'entrer dans la répartition des bénéfices.

Je ferai remarquer encore que la loi sur le service de trois ans, obligatoire pour tout le monde, étant votée, il y aura lieu, dès qu'elle sera appliquée, de réduire de trois millions de solde des soldats et des marins, les dépenses qu'on met libéralement à notre charge aujourd'hui, puisque ces marins et ces soldats, s'ils n'étaient employés ici, seraient employés ailleurs.

Enfin, je dirai que si les dépenses inscrites au budget général de la Marine sont si considérables, il n'y a pas de notre faute, à nous vraiment. Je sens que je suis ici sur un terrain très glissant et qu'on va peut-être me dire : De quoi donc se mêle ce civil (car la Marine est toujours polie). Est-ce que ces choses-là le regardent ? Quelle est sa compétence en ces matières ? Mon Dieu ! j'avouerai, si l'on veut, qu'elle n'est pas bien grande. Cependant, quand on considère certains travaux exécutés par l'artillerie, et ayant pour but l'assainissement du port d'Hatien, et qu'on sait que ces travaux, assez considérables, n'ont servi à rien, qu'on s'est décidé tout bonnement à les abandonner, et que le corps des Ponts et chaussées a commencé le comblement des marais en question, on peut, je crois, sans être grand clerc, en inférer que la Marine, elle aussi, a ses moments de distraction et peut commettre une de ces bévues que je reprochais avant-hier, avec trop de vivacité peut-être, au corps des Ponts et chaussées.

Je ne demanderais pas mieux que de n'avoir pas à m'occuper de ces choses ; mais quand un Ministre, dans un but facile à saisir et qui n'est autre que d'engager les représentants de la Colonie à souscrire un emprunt pour un pays de protectorat, nous dit que nous coûtons encore six millions à la France, mon droit et mon devoir strict sont d'examiner la nature de ces dépenses et de voir si certaines d'entre elles ne pourraient pas être évitées ou tout au moins diminuées dans de très grandes proportions. Eh bien ! je crois que le maintien d'une flottille de guerre ici n'est pas nécessaire, du moins d'une flottille telle que celle que nous possédons. Peut-elle rendre quelques services au Tonkin, comme elle en a rendu de très sérieux et de très efficaces au Cambodge tout dernièrement ? Je l'ignore. Si oui, qu'on l'envoie là-bas. De cette façon, le Ministère ne pourra pas dire qu'elle est affectée au service de la Cochinchine, et faire figurer ainsi à notre passif, vis-à-vis de la Métropole, les charges de son entretien.

Nous n'avons, en effet, ici, aucune insurrection à craindre, et, en fût-il autrement, que les quinze ou vingt chaloupes du Service local, des Ponts et chaussées et de la Régie, non moins que toute la flotte des Messageries fluviales, que nous avons le droit de réquisitionner, suffisent et au delà pour parer à toutes les éventualités qui pourraient surgir à l'intérieur de la Cochinchine. Quant à un danger possible venant de l'extérieur, la flottille de guerre, composée de bâtiments qui ne peuvent tenir la mer, ne pourrait nous être d'aucun secours. Elle serait fatalement condamnée à rester inactive et prisonnière en quelque sorte dans le port de Saïgon. Pour parer aux périls d'une attaque extérieure, ce sont des torpilles et des torpilleurs qu'il nous faut, tout simplement. Et ceci n'est pas seulement mon opinion personnelle, mais celle de bon nombre d'officiers de vaisseau, et dont l'un occupe ou occupait, il n'y a pas longtemps encore, une haute situation au Ministère de la marine.

A l'heure actuelle et depuis longtemps déjà, le rôle des canonnières est terminé en Cochinchine. Ce rôle, il faut le dire, a été des plus glorieux, et ce n'est pas sans émotion que, regardant en arrière, je me remémore les services éclatants rendus par ces vaillants petits bateaux. C'était le moment des grands coups d'ailes et des grandes espérances. Si ces espérances se sont réalisées en grande partie, notre Colonie étant la plus prospère de nos établissements d'outre-mer, il n'est que juste d'en faire remonter l'honneur, pour une très large part, à ces combattants infatigables de la première heure, à ce don d'ubiquité que semblaient posséder les canonnières d'être présentes de jour et de nuit, de tous les côtés, à cette chasse sans trêve ni merci qu'elles faisaient aux pirates. Combien de coups de main ou de commencement de révoltes le sifflet strident d'une canonnière n'a-t-il pas fait avorter ! Pendant l'obscurité de la nuit, à ces heures troubles et pleines d'inquiétude où, nous sachant entourés d'ennemis, nous écoutions les moindres bruits de la plaine pour savoir de quel côté viendrait l'attaque, ces coups de sifflet allaient droit au cœur des quelques Français disséminés dans les postes, non moins qu'à celui des populations indigènes riveraines des arroyos et ralliées à notre cause. Cela nous disait : Ne craignez rien, voici la France ! Oui, à cette époque, la tâche des canonnières a été immense, décisive. Mais aujourd'hui, je le répète, une flottille telle que la nôtre est absolument inutile en Cochinchine. Il dépend donc uniquement du Ministre de diminuer dans de notables proportions, sans compromettre en rien la sécurité du pays, cette dépense de six millions de francs que la France paye encore pour la Cochinchine.

Mais en admettant même, contre toute évidence, que je me trompe, en admettant que ces six millions soient utilement employés, nous sommes encore en droit de dire au Département : Non, il n'est pas exact que nous coûtions quelque chose à la Métropole ; car, à moins de fausser toutes les notions de comptabilité sur l'établissement d'un bilan, à côté du passif il faut aussi faire figurer l'actif, et c'est précisément ce que vous oubliez de faire. En fait, vous nous imposez, par la toute-puissance des décrets que vous possédez, une contribution de onze millions de francs qui allège d'autant le budget métropolitain. La vérité est donc que non seulement nous payons toutes les dépenses de souveraineté, c'est-à-dire les six millions dont parle votre dépêche, mais que nous vous venons en aide encore pour une somme de cinq millions.

Messieurs, il me semble que mon raisonnement est inattaquable. Le contingent de onze millions qui nous est imposé par la loi des finances, ce n'est pas au Tonkin, à qui nous ne devons rien, que nous le payons, c'est à la France elle-même qui, elle, a, je le reconnais, le droit de puiser dans nos caisses. La question est seulement de savoir si ce droit va jusqu'à celui de pouvoir désorganiser tous nos services et tarir les sources mêmes de la vie de la Colonie.

Quant aux garanties que nous demandons à la Métropole, la réponse du Ministre est adorable. Il nous dit : *le Ministère n'a pas encore statué.* En bon français, cela signifie : Votez d'abord, nous verrons après, quand nous aurons le temps, à la semaine des trois jeudis, par exemple, les garanties que nous pourrons vous offrir.

Ah ! mes chers collègues, il nous a pris fantaisie d'être quelque peu soucieux de la bonne gestion de nos finances ; nous avons voulu savoir de quelle façon serait garanti l'emprunt qu'on nous a demandé ! Jamais soufflet n'a été plus cavalièrement appliqué sur la joue droite d'une assemblée délibérante. Libre à vous de tendre maintenant la joue gauche ; quant à moi, cette douceur, cette mansuétude évangélique n'est pas dans mes moyens. Par tempérament, j'y suis réfractaire.

Devant cette fin de non-recevoir à notre demande si naturelle et si légitime, le devoir strict que j'ai contracté vis-à-vis de mes commettants de défendre leurs intérêts, non moins que la probité la plus élémentaire, me commandent de refuser un emprunt sans garantie d'aucune sorte de la part de celui qui est appelé à en bénéficier.

De par l'omnipotence des décrets que vous possédez, vous pouvez tout faire, tout imposer à la Colonie. Décrétez donc l'emprunt, nous le subirons ; mais au moins il ne sera pas dit que nous aurons, de nous-mêmes et volontairement, consommé la ruine de la Colonie et celle même du Tonkin. Car il n'y a pas à se le dissimuler, Messieurs, cet emprunt de 100 millions ne servira qu'à retarder pour un temps très court la catastrophe finale, si on ne prend pas les résolutions viriles que la situation comporte.

Le déficit du Tonkin *officiellement avoué* est de 13 millions, plus 2 millions de manquant qu'il y aura encore à la fin de l'exercice en cours, cela fait 15 millions. En ce moment même on est en train de signer à Paris une convention par laquelle l'Etat, pour réparer une énorme faute de M. Paul Bert, se reconnaît débiteur d'une somme de 4 millions vis-à-vis la maison Ulysse Pila et Cⁱᵉ, pour résiliation de son contrat des magasins généraux. Ces 4 millions seront payés par le Tonkin et non par la France, soyez-en convaincus.

J'admire, nous sans quelque stupeur, il est vrai, la confiance robuste de ceux qui croient que la Métropole, qui ne peut pas nouer les deux bouts de son budget, va prendre ces 4 millions à sa charge. Nous voici donc arrivés à un déficit de 19 millions ; cela représente déjà le cinquième de l'emprunt qu'on veut nous faire souscrire.

Les auteurs ou les partisans de cet emprunt ont beau me dire qu'il est parfaitement conclu et convenu que cet emprunt ne servira qu'à exécuter des travaux de premier établissement, je pense *au billet de Lachatre*. Comment voulez-vous, en effet, que je croie à ces choses-là, quand, ici même, il nous est impossible de suivre la marche des fonds que nous votons, quand des travaux de première nécessité, reconnus urgents, sont votés depuis deux ans et plus sans avoir reçu même un commencement d'exécution, alors que les crédits y afférents ont disparu sans que nous puissions savoir au juste à quoi ils ont été employés ; quand enfin il suffit d'un simple arrêté pris en Conseil privé pour bouleverser et mettre à néant tous nos projets ! Non, Messieurs, une fois l'emprunt voté, votre rôle est fini. L'Administration en emploiera les fonds comme elle l'entendra, à votre barbe et à votre nez, sans que vous ayez aucun moyen de l'en empêcher. Vous crierez, soit ; mais vos cris auront juste toute la vertu et l'efficacité d'un vain bruit qui se perd dans l'espace.

Le remède à la situation présente n'est pas dans un emprunt. Celui-ci ne peut être que la goutte de chloroforme qui endort momentanément la douleur. Mais à quoi cela sert-il, si on n'opère pas en même temps le malade radicalement ? Où donc est le chirurgien chargé de faire l'opération ? Une fois ces 100 millions jetés dans le gouffre des travaux publics, qui ne sera pas long à les absorber, sans aucune utilité appréciable, si j'en juge parce qui se passe ici, où nous n'avons plus un seul canal navigable, ni une seule route terminée, bien que depuis 1880 nous ayons consacré annuellement une somme d'au moins un demi-million de piastres au service des *Ponts et chaussées proprement dit*, une fois, dis-je, ces 100 millions dépensés et dont le cinquième au moins aura été absorbé par le déficit constaté plus haut, arrivera le fatal quart d'heure de Rabelais ; il faudra donc redemander des subventions au Gouvernement. Ce sera alors la débâcle générale. Par cet emprunt, comme je le disais plus haut, vous aurez assoupi pour un temps les plaintes du patient et donné une fausse sécurité à la France sur la véritable situation du malade, voilà tout. Quand on verra revenir au Parlement cette question tonkinoise qu'on croyait enterrée pour toujours, ce sera alors la fin finale et l'abandon de notre Protectorat. En croyant sauver le Tonkin vous l'aurez perdu, tout en ayant fait aux flancs de la Cochinchine une blessure dont elle aura de la peine à se remettre.

Le discours de M. le Gouverneur général, le rapport de la Commission et le projet de nos trois collègues affirment, à la vérité, la nécessité d'un emprunt sans en fournir, pour moi du moins, des preuves convaincantes ; mais il est à remarquer une chose, c'est que ces trois documents sont muets sur l'opportunité, sur l'utilité qu'il y a à le voter immédiatement, au pied levé, pour ainsi dire, plutôt que de ne le voter que dans six ou huit mois, par exemple. La raison de ce silence est facile à expliquer, c'est qu'il serait impossible de démontrer le bien fondé de cette précipitation. Le budget du Tonkin est en effet assuré pour l'année prochaine par la subvention de 15 millions fournie par la France, par les 11 millions fournis par nous et par les 20 millions de son budget propre, ce qui donne un total respectable de 46 millions. C'est environ trois fois plus que nous ne possédons nous-mêmes, défalcation faite du contingent qu'on nous impose. Que dirait l'amiral de Lagrandière, s'il pouvait rouvrir les yeux, en voyant ce budget de 46 millions, lui qui, après la prise des trois provinces en 1867, n'avait que 5,296,000 francs, et que 8,670,000 francs en 1868 ! Donc rien ne presse de ce côté, l'exercice 89 étant ainsi assuré. Pourquoi dès lors cette hâte, Messieurs ? Elle est parfaitement inutile. Elle est de plus humiliante pour nous à tous les points de vue, étant donné le silence dédaigneux du Ministère au sujet des garanties que nous lui demandons. Si on ne nous répond pas, il y a une bonne raison à cela : c'est qu'on n'a aucune garantie à pouvoir nous offrir. C'est qu'on se réserve de pouvoir dire, quand les jours difficiles seront arrivés, quand les ruines seront amoncelées de toutes parts autour de nous, comme Ponce-Pilate en se lavant les mains : *Je suis innocent du sang de ce juste !* c'est de lui-même qu'il s'est offert en sacrifice et a consommé son propre suicide... Si telle n'était pas la pensée de nos gouvernants, croyez bien, Messieurs, qu'ils auraient déjà pris, *par simple décret*, la redoutable responsabilité de cet emprunt.

Messieurs, j'ai la mauvaise habitude de dire tout ce que je pense. Pour moi, l'émission de cet emprunt qu'on vous dit de voter, sans aucun motif d'urgence, sans moyen de contrôle d'aucune sorte de notre part sur l'usage qui en sera fait, sans qu'aucune lumière soit faite au milieu des ténèbres qui nous entourent, n'est qu'une manœuvre destinée à préparer les prochaines élections générales. On veut pouvoir dire au pays : « Cette irritante question tonkinoise, cause originelle de la chute de tant de ministères, nous l'avons résolue à tout jamais, sans qu'il en coûte un sou à la France ; nous l'avons à tout jamais bannie de nos débats parlementaires ». Ah ! si j'avais l'espoir que notre sacrifice dût avoir un pareil résultat dans l'avenir, je passerai volontiers condamnation sur la violence qui nous est faite. Mais l'expérience que j'ai du train dont vont

les affaires dans ce pays, l'observation patiente et sans parti pris
des faits qui se déroulent sous mes yeux depuis une période de
26 ans, ne me permettent pas de me bercer de pareilles illusions.
Comme je vous le dit plus haut, la question du Tonkin renaîtra
plus impérieuse et plus absorbante que jamais. Notre dévouement
aura été inutile ; il n'aura fait qu'aggraver la situation, ou, comme
on dit en langage vulgaire et expressif : Nous n'aurons reculé que
pour mieux sauter. J'ai cru devoir vous dévoiler toute ma pensée,
pour que vous ne puissiez pas dire, lorsque les épreuves commen-
ceront : Ah ! si on nous avait avertis !

Messieurs, la solution à toutes nos difficultés n'est pas dans
l'émission d'un emprunt qui ne remédiera à rien. Elle est ailleurs
et d'ordre tout différent. Mais avant d'examiner ce côté de la
question, permettez-moi de repousser un reproche qui nous est
adressé. Monsieur le Gouverneur général nous dit, en effet, qu'il y a
bien un peu de notre faute si nous sommes allés au Tonkin. Les
auteurs du contre-projet, échos fidèles, en ceci, de la parole offi-
cielle, nous disent à leur tour : Si on cherchait bien de quel
côté sont les responsabilités, on trouverait qu'elles sont du côté
de la Cochinchine et de son Conseil colonial. Examinons :

Lorsque l'amiral Dupré envoyait Garnier au Tonkin en 1874,
comment le Conseil colonial aurait-il poussé à la chose, alors que
ce fait s'est passé six ans avant la création de notre assemblée locale?
Est-ce que nous avons jamais été consultés au sujet des affaires
du Tonkin ? Si nous avons réclamé l'Unité Indo-Chinoise, nous
avons en même temps indiqué la meilleure marche à suivre pour
réussir, c'est-à-dire l'envoi là-bas de nos administrateurs expéri-
mentés, de ceux qui ont contribué pour une grande part à la
prospérité si rapide de notre Colonie. Nous avons demandé en
même temps l'unité absolue de direction et de commandement.
A-t-on tenu compte de nos *desiderata* ? Non ! Dès lors pourquoi
vouloir nous rendre responsables des fautes commises? A un
moment donné, notre représentant civil au Tonkin a eu à faire à
la fois au Ministre de la guerre, au Ministre de la marine et au
Ministre des affaires étrangères. Aujourd'hui que les troupes de la
guerre ont été retirées, il ne reste plus que deux Ministres à satis-
faire. Mais qu'il soit tricéphale ou simplement bicéphale, un
pareil organisme ne constitue-t-il pas ce qu'on appelle en patho-

logie, un cas tératologique, c'est-à-dire une monstruosité ? Est-ce que cela nous est aussi imputable ?

Messieurs, tous nos embarras viennent de là. Le remède à nos maux présents, à notre situation financière si compromise, réside en majeure partie dans la cessation de cette anarchie qui règne du haut en bas de l'échelle administrative, dans les démarches continuelles de nos députés aux bureaux du quai d'Orsay ou de la rue Royale, pour placer leur protégés ; dans la faiblesse de la direction des colonies à faire droit, sans enquête, à toutes les réclamations du personnel renvoyé de Cochinchine et qu'on envoie de nouveau dans la Colonie, qui n'a nul besoin de leurs services. Voulez-vous que je vous cite un fait caractéristique de cette anarchie ?

Dernièrement, j'ai reçu à l'hôpital la visite d'un ancien employé des Ponts et chaussées, qui avait été révoqué ou licencié, je ne sais plus au juste, pour s'être livré à des voies de fait envers son chef. Le département l'a renvoyé ici et dans le même corps : comment voulez-vous qu'il y ait de la discipline ? Son chef, naturellement, a refusé de l'employer. En attendant, qui aura payé sa solde et les frais d'aller et de retour ? Cette vache à lait de Cochinchine, naturellement. Vous savez tous que ce n'est pas là un fait isolé. Notre collègue M. Pàris nous a fait connaître l'autre jour un fait bien plus typique encore de l'anarchie administrative dont je parle. Il a constaté qu'aujourd'hui, après le licenciement ordonné par les décrets de M. Étienne, le personnel des travaux publics était plus nombreux qu'avant le licenciement, et que la solde de ce personnel était plus élevée que ce qu'elle n'avait jamais été.

Cela provient uniquement, selon M. Pàris, de ce que les employés licenciés pour raison d'économie avaient été renvoyés ici par le Ministre des colonies. Or vous n'ignorez pas qu'on avait donné, à titre de dédommagement, six mois de solde entière aux employés dont l'emploi avait été supprimé. En sorte que les mesures d'économie édictées par les célèbres décrets ont, en fin de compte, produit une notable augmentation de charges pour la Colonie, car en outre des six mois de solde, il y a lieu de tenir compte des frais d'aller et de retour. Messieurs les fonctionnaires et employés ont donc tout intérêt à réclamer qu'il soit opéré un licenciement de ce genre tous les trimestres.

Si de pareilles choses sont possibles en Cochinchine, si un pareil gaspillage de nos finances peut impunément se produire ici malgré l'assemblée locale, qu'est-ce qui doit se passer au Tonkin ?

La plaie qui nous mine et nous ronge, la voilà ! En continuant à suivre ces errements, il n'y a plus de gouvernement économique possible dans ce pays-ci. En bas, l'indiscipline ; en haut, la confusion ; partout le désordre et nulle part la responsabilité. Voilà le spectacle que nous avons sous les yeu.. Pour moi, lorsque j'ai eu dans cette enceinte des critiques à adresser pour les fautes commises, je n'ai jamais encore trouvé devant moi les chefs véritablement responsables qui les avaient commises. Ceux-ci, sentant arriver l'heure des comptes à rendre, étaient partis pour France, d'où ils ne sont plus revenus. On a donné de l'avancement là-bas à ceux qui n'étaient coupables que de simples négligences ; quant à ceux qui ont engagé la Colonie dans des dépenses véritablement scandaleuses par leur imprévoyance et le défaut d'études sérieuses dans les projets qu'ils avaient soumis à nos délibérations, à ceux-là on a ajouté la croix de la Légion d'honneur, en sus de l'avancement. Vous savez ces choses comme moi, Messieurs, et vous ne m'accuserez pas de charger le tableau.

Au lieu d'emprunt, ce qu'il nous faut, c'est de crier de telle façon qu'on nous entende enfin et qu'on mette un terme à de tels errements. Au Tonkin, il faut faire cesser la dualité de direction existante, et renvoyer cette nuée de non-valeurs qu'il nous a expédiée avec tant de libéralité. Il faut remplacer ce personnel plein de bonne volonté, me dit-on, et je n'en disconviens pas, mais absolument incapable, et le remplacer par nos administrateurs. Qu'on mette à la tête de chaque province un de ces administrateurs connaissant les mœurs et la langue du pays ; qu'on lui donne, si l'on veut, comme adjoint un officier d'infanterie de marine ou de vaisseau, détaché hors cadres, et cent cinquante ou deux cents miliciens recrutés en Cochinchine, et vous verrez disparaître la piraterie qui nous tient en échec. Si cela ne suffisait pas, il y aurait lieu d'expédier là-bas le Tong-doc-Loc avec des partisans recrutés à sa guise.

Ses services passés et tout récemment encore la façon dont il a pacifié, avec l'aide d'une ou deux compagnies d'infanterie, toute la côte d'ici à Touranne, où avait eu lieu le plus fort massacre des chrétiens, nous est un sûr garant que sa méthode est la seule bonne, quoi qu'en ait dit M. de Lanessan. Ces pays n'ont plus bougé et sont aussi sûrs que la Cochinchine elle-même.

Quand on entend à tout instant proclamer la fidélité de S. M. Dong-Khanh et celle de son délégué le Kinh-Luoc, vice-roi du Tonkin, n'est-il pas étrange de constater qu'ils n'aient pas encore pu trouver un seul chef de partisans pour nous aider dans notre tâche ? Cette soi-disant fidélité m'est suspecte au dernier point. Puisque nous avons pris l'engagement de garantir à S. M. Dong-Khanh, et sa couronne et son royaume contre toute attaque extérieure ou intérieure, c'est bien le moins que nous ayons le droit de choisir les moyens que nous croirons devoir être les plus efficaces pour mettre un terme à l'état de choses actuel.

Si tous ces moyens ne suffisaient pas, il n'y aurait pas à hésiter. Il faudrait *momentanément* abandonner les hauts plateaux, ce que M. le Myre de Villers appelait le pays où l'on ne mange pas, et nous borner à l'occupation du delta simplement, et attendre que ces populations aient pu comprendre les avantages que leur procurera notre occupation. On n'a pas agi autrement en Cochinchine. Une première fois nous avons été obligés de nous cantonner à Saigon même avec une poignée d'hommes sous les ordres du capitaine de vaisseau Dariés, ayant été contraints d'envoyer en Chine tout le reste de nos troupes. Une seconde fois nous avons dû rétrocéder à l'Annam la province de Vinh-long *conquise* par nous, parce que nos effectifs n'étaient pas suffisants pour la garder.

Ce n'est que lorsque l'illustre amiral Lagrandière, le véritable fondateur de la Colonie, auquel, par parenthèse, nous nous honorerions d'élever une statue ; ce n'est que lorsqu'il s'est senti bien maître des provinces de l'Est ; qu'il a pu se rendre compte que ces populations, grâce à sa prudente et sage administration, étaient définitivement ralliées à notre cause, qu'il s'est emparé, *avec elles et par elles*, des trois provinces de l'Ouest sans verser une seule goutte de sang, et qu'il a pu, dès le lendemain même de la prise de possession, organiser leur administration avec une partie des anciens inspecteurs assistés d'un personnel indigène préparé d'avance à cet effet.

Dans ces guerres d'embuscades et de piraterie, nos soldats ne pourront rien terminer, leur effectif fût-il double de ce qu'il est.

Ils seront décimés par la dysenterie, minés par les fièvres, et mourront héroïquement sans se plaindre, comme toujours. On l'a bien vu au Cambodge. Il a fallu retirer les troupes après deux ans de lutte sans résultat appréciable. A des Annamites pilliards et vagabonds, il faut opposer nos miliciens disciplinés et d'une si facile mobilisation. Si, comme le dit M. le Gouverneur général en son discours, il faut attendre que des routes soient construites pour la rapidité des mouvements de nos troupes, nous ne sommes pas prêts de voir la fin des troubles au Tonkin. Les grands travaux publics ont commencé ici en 1880, et il n'y a pas, à l'heure actuelle, une seule route terminée.

Il faut enfin, en dernier lieu, que le Ministère ne nous inonde pas de ses créatures dont la seule fonction est d'épuiser nos finances, et qu'il laisse à nos Gouverneurs généraux, dont la responsabilité est immense, toute la liberté d'allures nécessaire dans le choix de leur personnel.

Je n'ai plus que quelques paroles à ajouter. Elles s'adressent aux auteurs du contre-projet d'emprunt. Après avoir débuté par la déclaration si pleine de bon sens que j'ai citée plus haut, je ne puis que regretter que leurs conclusions soient les mêmes que celles du projet de l'Administration. A la vérité, ils réclament quelques garanties : le vote par la Colonie des travaux à exécuter annuellement et le contrôle de ceux-ci ; mais en votant dès aujourd'hui même l'emprunt, sans savoir ce que seront ces travaux, sans aucun plan d'ensemble, sans devis d'aucune sorte, ils s'exposent à ceci : c'est que leurs réserves seront illusoires et resteront lettre morte dans la pratique.

Je ne me fais aucune illusion, Messieurs, sur le sort qui attend les observations que je viens de vous présenter. J'ai cru cependant que mon devoir était de les faire, ne fût-ce que pour constater, dans un avenir peut-être plus prochain que vous ne pensez, de quel côté, dans une question aussi vitale, se sont trouvées la clairvoyance et la saine appréciation des dangers que la mesure que vous allez voter va déchaîner sur l'Indo-Chine entière.

Aux heures sombres du moyen-âge, quand des peuplades entières se précipitaient à la délivrance des lieux saints, cela s'est appelé : *la Folie de la Croix !* et c'était justice. Ces braves gens avaient la foi. Or le propre de celle-ci est de déraisonner ! Mais pour nous, Messieurs, quel nom l'histoire de l'Indo-Chine donnera-t-elle à notre *folie* de voter, au pas de course, un emprunt de cette importance, sans urgence aucune, au moins pendant un an encore? Je crains bien qu'elle ne qualifie cet entraînement d'un nom plus sévère que celui de : *la Folie du Sacrifice !*

RÉSULTAT DU SCRUTIN

Ont voté pour l'emprunt :

MM. Cuniac, avocat.
    Paris, avocat.
    Mougeot, médecin du Service local.
    Cornu, délégué du Conseil privé.
    Ogliastro, délégué de la Chambre de commerce.
    Praire, id. id.
    Lé-Huu-Nho,
    Lé-Huong,
    Lé-Phat-Dat,
    Cao-Van-Sang,   } Conseillers annamites.

Ont voté contre :

MM. Blanchy, Président du Conseil,
    Guasco, avocat.
    Margotin, industriel.
    Garcerie, négociant.

N'ont pas pris part au vote :

MM. Jame, délégué au Conseil privé, en congé.
    Minh-Huong, conseiller annamite, malade.

www.ingramcontent.com/pod-product-compliance
Lightning Source LLC
Chambersburg PA
CBHW061656050726
47598CB00004B/1593